9789083438429
AF134427

YOG 097

Ruffles
YOG 097

7
"GOOD BUDDY"
KC
YOG 097

Styling
à go-go
Styling
à go-go

YOG 097

YOG 097

YOG 097

N61-HC
YOG 097

N61-HC
CALIFORNIA
VOG 097

N61-HC
YOG 097

N61-HC
California
YOG 097

N61-HC
YOG 097

YOG 097

YOG 097

YOG 097